CATALOGUE

DE

TABLEAUX

DES DIVERSES ÉCOLES

Provenant de la Succession de Mme G...

ET DE

TABLEAUX

ARRIVANT D'ANGLETERRE

DONT LA VENTE AURA LIEU

HOTEL DROUOT, SALLE N° 1

Le Lundi 20 Novembre 1865

A DEUX HEURES

Par le ministère de Me ESCRIBE, Commissaire-Priseur,
rue Saint-Honoré, 217,

Assisté de M. HORSIN DÉON, Peintre, rue Chabanais, 1,

CHEZ LESQUELS SE DISTRIBUE LE PRÉSENT CATALOGUE

Exposition Publique

Le DIMANCHE 19 Novembre 1865, de une heure à cinq heures.

PARIS

RENOU & MAULDE

IMPRIMEURS DE LA COMPAGNIE DES COMMISSAIRES-PRISEURS
Rue de Rivoli, 144.

1865

CATALOGUE

DE

TABLEAUX

DES DIVERSES ÉCOLES

Provenant de la Succession de Mme G...

ET DE

TABLEAUX

ARRIVANT D'ANGLETERRE

DONT LA VENTE AURA LIEU

HOTEL DROUOT, SALLE N° 1

Le Lundi 20 Novembre 1865

A DEUX HEURES

Par le ministère de Me ESCRIBE, Commissaire-Priseur,
rue Saint-Honoré, 217,

Assisté de **M. HORSIN DÉON**, Peintre, rue Chabanais, 1,

CHEZ LESQUELS SE DISTRIBUE LE PRÉSENT CATALOGUE

Exposition Publique

Le DIMANCHE 19 Novembre 1865, de une heure à cinq heures.

PARIS

RENOU & MAULDE

IMPRIMEURS DE LA COMPAGNIE DES COMMISSAIRES-PRISEURS
Rue de Rivoli, 144.

1865

CONDITIONS DE LA VENTE

Elle sera faite au comptant.

Les Acquéreurs paieront, en sus des adjudications, CINQ CENTIMES par franc.

DÉSIGNATION

DES

TABLEAUX

ÉCOLES ALLEMANDE, FLAMANDE ET HOLLANDAISE

ABTSHOVEN (Théodore)

1 — Une Kermesse.

BRAUWER

2 — Tête d'Homme. Expression du rire.

BREUGHEL (Pierre)

3 — Le Sabbat.

GRAAT (Bernard)

4 — Le Duo.

HACKERT (J-Philippe)

5 — Paysage-Marine.

HOBBEMA (D'après)

6 — Les Moulins.

Bonne copie du célèbre tableau de la galerie de M. le Duc de Morny.

KUILENBURG (Ab. Van)

7 — Paysage avec nymphe au bain.

MENGS (Raphael)

8 — Adoration des Bergers.

NIEULANDT (Guillaume)

9 — Paysage montagneux.

OMMEGANCK (B.-P.)

10 — Intérieur d'étable.

PALAMÈDE

11 — La Partie de Tric-Trac.

RAUFT (Fr.-Louis)

12 — Communion des Apôtres.

RUBENS (École de)

13 — Le Couronnement de sainte Catherine.

YOUNG (F.) Signé 1793

14 — Portrait de Femme.

ÉCOLE PRIMITIVE FLAMANDE

15 — Un Évêque en prière près duquel se voient de riches armoiries.

16 — Un Ange tenant un écusson.

17 — Id.   Son pendant.

18 — Sculptures en bois, bas-reliefs : Les trois Maries.

19 — Les Disciples d'Emmaüs.

20 — Une Vierge. Statuette.

ÉCOLE ITALIENNE

ARPINO (Le Chevalier d')

21 — Le Christ en croix et la Madeleine.

BATONI (Pompéo)

22 — Petit Garçon en méditation.

23 — Tête d'expression : Jeune Fille.

CARRACHE (Annibal)

24 — L'Annonciation.

Une attestation de l'Académie de Bologne accompagne ce joli tableau et le certifie authentique.

CIRO FERRI

25 — Adoration de l'Enfant Jésus.

La Vierge tient sur ses genoux son divin fils qu'elle offre à l'adoration de deux anges. Saint Joseph se tient un peu en arrière de Marie.

CONCA

26 — Tête de Vierge. (Pastel.)

CORTONE (Pierre)

27 — L'Enlèvement des Sabines.

DESANI (Pierre)

28 — Vénus menaçant des Amours qui se querellent.

FRANCELLI

29 — Bacchanale.

30 — Triomphe de Sophocle.

31 — Esquisse d'un Plafond.

MARATTE (Carle)

32 — La Vierge et l'Enfant.

MOLA (Francesco)

33 — Nymphes et Satyres dans un paysage.

RICCI

34 — Tête de Jeune Fille. (Étude.)

PIAZZETTA

35 — Un Joueur de violon.

PROCACCINI

36 — La Vierge et l'Enfant.

SIRANI (Élisabeth)

37 — L'Enfant Jésus donnant sa bénédiction.

VASALLO (Antonio-Maria)

38 — Jeune Femme entourée de fleurs et de fruits.

ÉCOLE FRANÇAISE

CANOT (Ph.)

39 — Fruits et Fleurs déposés sur une table de pierre.

DONVÉ

40 — Petite Fille caressant une colombe.

DROLLING (Le Père)

41 — Un Chasseur.

DUMOUCHEL

42 — Arlequinade. Scène bachique.

DUTERTRE

43 — Portrait du duc de Rochefort.

HUBERT ROBERT

44 — Une Cuisinière.

LORDON (Jean-Abel)

45 — Portrait en pied de l'Empereur Napoléon Ier.

PIERRE

46 — Repos de la Sainte Famille.

Saint Joseph, la Vierge et l'Enfant Jésus se reposent à l'ombre d'un palmier, protégés par un ange. Ils assistent à la destruction d'un temple que d'autres anges renversent avec le plus joyeux entrain.

R. (Signé du Monogramme)

47 — Jésus guérissant les malades.

SWAGERS (Fr.)

48 — Paysage-Marine avec figures et animaux.

49 — Paysage. Même composition.

SWEBACH

50 — La Partie de campagne.

TRUCHOT

51 — Le Cloître de Saint-Wendrille.

VALENCIENNES

52 — Paysage boisé.

VALLIN

53 — Jeune Femme au bain.

54 — Le Repos après le bain.

VERNET (Attribué à J.)

55 — Une Cascade. Vue prise en Italie.

56 — Une Tempête.

WATTIER (Émile)

57 — Flore.

INCONNU

58 — Assemblée générale d'une communauté religieuse.

TABLEAUX DIVERS

79 — ÉCOLE ITALIENNE. Deux Tableaux de nature morte.

80 — ÉCOLE MILANAISE. Naissance de la Vierge. (Esquisse.)

81 — Deux Tableaux : Des Nymphes, d'après LE DOMINIQUIN. Des Enfants, école de CARRACHE.

82 — ÉCOLE ITALIENNE. Deux tableaux : Le Jugement de Pâris. Daphnée métamorphosée.

83 — CERQUOZZI. Halte de Chasseurs.

84 — ÉCOLE ITALIENNE. Présentation au Temple.

85 — SOLIMÈNE. Figure allégorique.

86 — PRETI (Mathieu). Un Pâtre.

87 — Paysage avec figures de Nymphes. Signé du monogramme (J. N. M.).

88 — VOORHOUT. Femme et Enfants.

89 — VAN DER NEER (Genre de). Paysage-Marine.

90 — MÊME GENRE. Paysage. Effet de lune.

91 — Saint François en prière.

92 — MOLENAER (Genre de). Paysage. Effet de neige.

93 — FICTOR (Attribué à). Un Fumeur.

94 — KOBEL (D'après). Paysage et Animaux.

95 — ÉCOLE FRANÇAISE. Tête de Paysanne.

96 — TENIERS (École de). Une Tuilerie.

97 — L'Hiver.

98 — ÉCOLE FLAMANDE. L'Ange Gardien.

99 — Choc de cavalerie.

100 — Portrait d'Homme. (Miniature à l'huile.)

101 — Deux petits pendants. Vue de ville et Maison de pêcheur.

102 — Raphael (D'après). La Religion.

103 — Carrache (D'après). Ecce Homo.

104 — Guide (École de). Saint Etienne.

105 — École romaine. Sainte Famille.

106 — École l Baroche. Le Christ mort. (Miniature.)

107 — École du Guide. La Religion.

Renou et Maulde, imprimeurs de la Compagnie des Commissaires-Priseurs,
rue de Rivoli, 144.   46434